AF359000

Edict du Roy

NOSTRE SIRE, TOV-
chant la cognoissance, iurisdi-
ction, & iugement des proces
des Lutheriens & heretiques, ap
partenans à tous iuges Royaulx
& presidiaulx.

Publié en la Court de Parlement à Paris,
le troisiesme iour de Septembre, 1551.

Auec priuilege du Roy.

On les vend à Paris, par Iehan Dallier, sur le
pont S. Michel, à l'enseigne de la Rose blanche.
Et par Iehan André, au premier pillier de la
grand salle du Palais.

1551.

ENRY par la grace de Dieu Roy de France, Au preuoſt de Paris, Seneſchal de Lyon, Bailly de Rouen, ou leurs lieutenans, Et à tous noz autres iuſticiers & officiers, ou à leurs lieutenans, ſi comme a luy appartiendra, ſalut. De la partie de noſtre aimé Iehan Dallier, libraire, demourant en noſtre ville de Paris, Nous a eſté expoſé, que pour faire publier & ſcauoir par noſtredict Royaume (comme il eſt requis) l Edict par nous faict a Chaſteaubriant le vingt-ſeptieſme iour de Iuing dernier paſſé: Et publie en noſtredicte court De Parlement a Paris le troiſieſme iour de ce preſent moys de Septembre, Touchãt la cognoiſſance & iuriſdiction des Lutheriens, & autres articles contenues en icelles: Eſt beſoing faire imprimer ledict Edict, ce que ledict expoſant feroit voluntiers: mais il doubte, qu'apres auoir par luy faict & expoſé pluſieurs fraiz pour ceſt effect, aucuns libraires & imprimeurs de ce Royaume, autres que luy, ſe veullent ingerer d'en imprimer ou faire imprimer, vendre, & debiter: qui ſeroit par ce moyen le fruſtrer de ſes fraiz & labeurs, ſi ſur ce ne luy eſtoit par nous pour-

veu de noz prouision & remede conuenable. Pour
ce est il, que nous ce consideré, desirans pouruoir
audict suppliant en cest endroit, A iceluy pour
ces causes, & que ia luy a esté permis par nostredicte Court, faire imprimer ledict Edict. Et suyuant icelle permission, faict ses diligences, pour
la prompte expedition en ce requise : Auons permis & octroyé, permettons & octroyons, voulons, & nous plaist de grace especial, par ces presentes, qu'il puisse & luy loyse imprimer, & faire imprimer, vendre, & debiter ledict Edict. Et
tout ce que pour raison d'icelles, conuiendra imprimer, & faire imprimer, vendre, & debiter, tant
de fois qu'il luy plaira, iusques a trois ans pro-
chains venãs. Sans ce que durant ledict temps autre que luy le puisse imprimer, faire imprimer,
vendre ne debiter sans son congé & cõsentement.

Si vous mandons, & expressement enioignons,
& à chascun de vous, si comme a luy appartiendra, Que de noz presente grace, congé, permission,
& octroy, vous faictes ledict Iehan Dallier ex-
posant, libraire susdict, iouyr, & vser plainement
& paisiblement ledict temps de trois ans durant:
En faisant ou faisant faire expresses inhibitions
& defenses de par nous, a tous imprimeurs & libraires, & autres qu'il appartiendra, Que durant
a. ij.

ledict temps de trois ans ilz n'ayent à imprimer,
ou faire imprimer, vendre, ne debiter ledict Edict.
Et ce que pour raison de ce conuiendra imprimer,
sans le vouloir & consentement dudict Dallier,
Sur peine de confiscation desdictz liures, & d'a-
mende arbitraire, à nous & audict Dallier à ap-
pliquer Et en cas de reffus ou cōtredict, nosdictes
inhibitions & defenses. Nonobstant oppositions
ou appellations quelzconques.   Donné à Paris
le cinqiesme iour de Septembre, L'an de grace
Mil cinq cents cinquante vn. Et de nostre regne le
cinqiesme.   Par le conseil.

Buyer.

HENRY par la grace de dieu Roy de France, A tous ceulx qui ces presentes lettres verrõt salut. Chascun a peu veoir & cognoistre le bõ, louable & entier debuoir, que le feu Roy nostre tref honoré seigneur & pere, que Dieu absolue, a faict ordinairement, durant son viuant, cõme trefchrestien & trescatholique Prince, pour extirper les erreurs & faulses doctrines qui pulluloyent cõtre nostre saincte foy & religion Chrestienne, à ce qu'elles n'euffent plus lieu en ce Royaume, faisant sur ce plusieurs ordonnances & edictz, selon la varieté & exigence du temps & des cas qui s'offroyent : & mefmes en l'an mil cinq cents trentequatre,

a.iij.

le vingtneufiefme iour de Iãuier, fut
par luy faict certain Edict trefexprés
contre les fauteurs & receptateurs
des heretiques, fectateurs & imitateurs d'icculx, leur impofant gran-
des & griefues peines. En declarant
auffi la forme & maniere de proceder côtre eulx, & par quelz iuges, a-
uec excitations comminatoires aufdictz iuges pour y faire leur deuoir.
Ce que depuis par vn autre Edict de
l'an mil cinq cents quarãte, il auroit
côfirmé & reiteré, auec autres plus
expreffes inionctiõs & côminatiõs:
voyant lefdictes erreurs & reprouuees doctrines croiftre & augmen-
ter. Pour lefquelles faire ceffer auec
vn autre moyen expedient, gratieux
& mifericordieux, il auroit faict cer-
taines declaratiõs, ou il pmettoit le
retour & faculté de demourer en ce

Royaume à ceulx qui auoyent esté
chargez, & s'estoyét renduz fugitifz,
pour raison d'icelles erreurs & do-
ctrines:en faisant par eulx les abiura-
ratiõs ordõnees de droit.Moyennát
lesquelles abiurations il leur remet-
toit l'offence qu'ilz auoyent cõmise,
& les restituoit en leurs biens. Fina-
blement apres que nostredict seigneur & pere auroit veu q̃ par telles
voyes de doulceur & misericorde il
ne pouoit rappeller ne reduire ceste
maniere de gens peruerse & obsti-
nee, il voulut & ordonna par autre
Edict,de l'an mil cinq cents quaráte
quatre,que pour leuer & oster les es-
chapatoires qu'ilz practiquoyét chas
cun iour en diuerses sortes, les prelatz & iuges laiz de ce Royaume co
gneussent par cõcurrence des cas &
crimes d'heresie, afin que lesdictz

delinquans, se cuidans sauuer des mains de l'vn desdictz iuges, fust lay ou d'Eglise, ilz ne peussent euiter de tomber en celles de l'autre, dont ilz ne se doubteroyét pas: pour en estre faict la punition & correction exemplaire: toutesfois cela n'a pas grádemét proffité: car de iour en iour, & d'heure à autre, quelque peine, diligence & vigilance, dont nostredict seigneur & pere ait sceu vser en c'est endroict, ou il a faict tout son possible, l'on a veu & voit continuer & croistre, tant secrettement qu'ouuertement, lesdictes erreurs: de sorte qu'il se sont reduictes en vne cómune maladie de peste, si contagieuse qu'elle à infecté & cótaminé en beaucoup de bónes villes & autres lieux & endroictz de nostre Royaume, la plufpart des habitans, hommes &

femmes de toutes qualitez, & iufques aux petis enfans, qui ont efté
& font nourriz & apaftez de ce ve-
nin,à noftre trefgrád regret, ennuy
& defplaifir.Parquoy peu de temps
apres noftre aduenement à la cou-
ronne, eftans aduertiz que l'vn des
principaulx fondemens de l'edifica-
tion des perfones qui fuyuent lefdictes erreurs & faulfes doctrines, p-
cedoit en partie des liures, qui trop
facilemét f'imprimoyét, publioyét,
& expofoyét en véte en noftre Royaume,fans eftre premierement vifitez, Nous fifmes certain edict en l'an
mil cinq cents quárátefept, au mois
de Decembre,contre les libraires &
imprimeurs defdictz liures:leurs de
fendát trefexpreffemét de n'en plus
imprimer ne vendre, f'ilz n'auoyent
efté communiquez, veuz & vifitez
b. i.

par la faculté de Theologie de Paris,
ſoubz peine de cõfiſcation de corps
& de biens. Semblablemét que l'on
n'euſt plꝰ à mettre en lumiere n'expoſer en véte aucũs liures de la ſain
cte eſcripture, cõmétez ou ſcholiez,
que le nom & ſurnom de celuy qui
auoit faict telz cõmentz ou ſcholies
ne fuſt exprimé & appoſé au commencement du liure, auec celuy de
l'imprimeur, & l'enſeigne de ſon do
micile. Defendât en oultre auſdictz
imprimeurs de n'imprimer d'oreſ-
enauant en lieux occultes & cachez:
ains en leurs officines & ouuroirs, a-
fin qu'ilz peuſſent reſpõdre chaſcun
de leur faict. Et dauantage qu'aucunes perſones, de quelque eſtat & qua
lité qu'ilz fuſſent, n'euſſét à tenir en
leur poſſeſſion aucuns liures men-
tionncz au Catalogue des liures re-

prouuez, faict par ladicte faculté de
Theologie. Et d'autant que depuis
l'on nous auroit faict entendre, que
remettât entierement la coguoiſſan
ce de telles matieres cõcernans noſtredicte foy & religion, aux prelatz
dioceſains: auſquelz de droit elle ap
partiét, les delinquãs ſe pourroyent
plus facilement cõuertir & reduire,
pour la doulceur des punitions ec-
cleſiaſtiques. A ceſte cauſe pour ne
rien pretermettre de tout ce q̃ nous
pouuions imaginer eſtre requis &
neceſſaire de faire, pour ramener &
reſtablir au troupeau de Ieſus Chriſt
telles brebis eſgarees, Nous aurions
encore par autre noſtre Edict, de
l'an mil cinq cẽts quarãteneuf, remis
& renuoyé ladicte cognoiſſance &
deciſion des matieres deſſuſdictes,
leurs circonſtances & dependances
b. ij.

aufdictz prelatz diocefains:lefquelz
fuyuant cela y auroyent faict quelque deuoir: mais lefdictz delinquás
& faulteurs en auroyent abufé, cóme ilz font encores ordinairement:
& n'y voyons aucun amendement,
n'efperance d'y pouoir remedier, fi-
non par vn extreme foing & diligence, & auec toutes les rigoreufes
procedures, dont l'on doit vfer, pour
repoulfer viuement l'iniure & ob-
ftination d'vne telle malheureufe fecte, & en purger & nettoyer noftre
Royaume.

❧ Article premier.

S C A V O I R faifons, que nous
par aduis & deliberation des gens de
noftre cófeil priué: Apres que cefte
matiere (qui eft la caufe de Dieu, ou
chafcun doibt prefter l'efpaule , &

s'employer de toutes ses forces) y a
ia esté bien & meurement cõsultee
& communiquee à plusieurs bons,
grandz & notables personages, ze-
lateurs & singulierement amateurs
du bien & repos de nostre Republi-
que Chrestienne, Auons par cestuy
nostre Edict declaré , statué & ordonné , & de noz certaine science,
pleine puissance & authorité Royal,
declarons , statuons & ordonnons,
que tant à noz courts souueraines,
qu'a noz iuges presidiaulx, & à chascun d'eulz d'oresenauant appartiendra, par preuétion, la cognoissance,
punition & correction que nous leur
commettons & attribuons, de toutes persones cõtreuenãs aux edictz,
ordonnances & declarations du feu
Roy nostredict seigneur & pere, &
de nous, cõcernans l'heresie Luthe-

b.iii.

rienne, & les autres erreurs & faulses
doctrines , sectateus & imitateurs
d'icelles. Specialement aussi des infracteurs & transgresseurs de cestuy
nostre present Edict: & de ceulx qui
seront trouuez dogmatizans, fauo-
risans les heretiques, & qui mettrôt
en auant lesdictes nouuelles doctrines contre nostredicte foy & religion, & l'obseruation des constitu-
tions de l'Eglise , proferans paroles
contre l'honneur de Dieu, de sa be-
noiste & sacree mere vierge, du saïct
sacrement de l'autel, & des benoistz
sainctz & sainctes. Dõnant par cesdictes presentes plain pouoir, authorité & mandement special à nosdictes courtz, & iuges presidiaulx, &
à chascun d'eulx respectiuemét endroit soy, de ꝓceder contre les persones de la qualité dessusdicte:pour-

ueu qu'ilz ne foyent cõftituez es ordres facrees. Enfemble de les faire
punir cõme feditieux fchifmatiques
& perturbateurs de l'vnion & repos
publiques, rebelles & defobeiſſans
à noz ordonnances & commande-
mens. Et ce priuatiuement à tous
autres iuges, mefmes les ecclefiafti-
ques, en ce qui touchera & concer-
nera les cas cy deſſus declarez.

ET neantmoins demourera aux Art. 2.
ṕlatz & iuges d'Eglife la iurifdictiõ
& cognoiſſance qui leur appartient
des perfones qui fans fcãdale public
commotion populaire, fedition ou
autre crime emportant offenfe pu-
blicque, & les crimes contenuz en
l'article precedent, feroyent eflon-
gnez & defuoyez de l'obferuation
de noftre faincte foy & religion,
& tombez en erreurs & crimes

d’hereſie, dont ſeroit beſoing faire
declaration, & auſſi des clercz pro-
meuz & cõſtituez es ordres ſacrees,
ou la degradatiõ eſt & ſeroit requi-
ſe, ſuyuant les ſainɛtz decretz & cõ-
ſtitutions canoniques.

Art.3.   E T ſi en procedant par leſdiɛtz
prelatz & iuges d’Egliſe, contre les
chargez deſdiɛtes erreurs & here-
ſies, il ſe trouuoit qu’il y euſt quelque cas priuilegié, ilz ſeront tenuz
le faire a ſçauoir & notifier aux iuges preſidiaulx, afin d’aſſiſter auec
eulx pour lediɛt cas priuilegié:meſ-
mes pour leſdiɛtes commotions &
perturbations, & proceder, ſoit aſſemblément ou ſeparément, ainſi
qu’ilz verront eſtre le plus cõmode
& conuenable de faire pour le bien
de iuſtice,& plus briefue expedition
d’icelle, à la confeɛtion des proces,

sentences & iugemens. C'est à sçauoir lesdictz prelatz & iuges eccle-
siastiques pour le delict commun,
& lesdictz iuges presidiaulx pour
ledict cas priuilegié suyuant nostredict Edict faict le vingtneufiesme
iour de Nouembre, mil cinq cents
quaranteneuf.

AVSSI là ou lesdictz iuges pre-   Art. 4.
sidiaulx procedans à la confection
des procés, pour raison desdictes có-
motions, perturbations & crimes,
dõt par le present Edict leur est baillee la cognoissance, trouueroyét aucuns, qui auec lesdictz crimes fus-
sent chargez d'heresie:pour laquelle
vuyder & icelle declarer fust besoing
que le iuge ecclesiastique interuint,
ilz serõt tenuz pareillement le notifier & faire entendre ausdictz prelatz ou leurs vicaires, pour proce-
c. j.

der comme deſſus aſſemblément, ou ſeparément, ainſi qu'ilz verront eſtre à faire pour le mieulx: & y feront leſdictz prelatz ou leurs vicaires leur entier & loyal deuoir, auec la meilleure diligence que faire ſe pourra, ſoubz peine d'eſtre declarez negligens , & d'encourir es peines côtenues par les ſainctz decretz & conſtitutions canoniques , indictes & ordonnees contre les prelatz qui ne ſont vigilans à faire leur deuoir à la punition & correction des heretiques.

Art. 5.   E T d'autant que nous voulôs de tout noſtre pouoir, ainſi que dict eſt cy deſſus, deſraciner & extirper telles malheureuſes dânces & reprouuees ſectes, Nous auons ordonné & ordonnons , que les iuges preſidiaulx en leurs ſieges principaulx ſeule-

ment procedans aux iugemens dif-
finitifz des accusez & chargez des
crimes, dõt par le present Edict leur
est baillee la cognoissance, appelle-
ront aux iugemens desdictz procés,
iusques au nombre de dix. C'est à
sçauoir aux lieux & sieges esquelz y
a conseilliers par nous ordonnez,
iusques audict nombre de dix, si tãt
en y a. Et ou il n'y en auroit ledict
nombre, ou bien qu'il n'y eust nul
conseillier audict siege, supplyeront
& prédrõt des aduocatz, iusques audict nõbre de dix pour le moins, des
plus notables & fameux, comprins
les lieutenans particuliers, les preuostz ordinaires, leurs lieutenans &
officiers Royaulx, qui sont de l'estat
de iudicature: par lesquelz ilz feront
signer le bref ou dicton de leur iugement & sentence, dont les condem-

nez ne feront receuz à appeller:mais
fera ladicte fentence & iugemét ex-
ecutee nonobftant leur appel,com-
me fi c'eftoit arreft de l'vne de noz
courtz fouueraines:nõobftant l'ere-
ction & eftabliffement d'icelles. Et
fera ce prefent article entretenu &
obferué inuiolablement, iufques à
ce que par nous autrement y ait efté
pourueu & ordonné.

<table>
<tr><td>Art. 6.</td><td>ITEM nous auõs trefexpreffémét</td></tr>
</table>

ITEM nous auõs trefexpreffémét
defendu & defendons par cefdictes
prefentes à toutes perfones, foyent
noz fubiectz ou autres quelzcõques,
d'apporter en noz Royaüme & pays
de noftre obeiffance aucuns liures
quelz qu'ilz foyent,de Geneue & au
tres lieux & pays notoiremét feparez
de l'vniõ & obeiffance de l'Eglife du
faict fiege apoftoliq,fur peine de cõ-
fifcatiõ de biés & punitiõ corporelle.

ET en interpretant & adiouſtant Art. 7.
à l'Edict par nous faict à Fonteinebleau, en l'an mil cinq cents quaran
teſept, Nous auons ſemblablement
faict & faiſons defenſes treſexpreſ-
ſes à tous imprimeurs & libraires,
de n'imprimer, vendre, n'auoir en
leur poſſeſſion aucuns liures defen-
duz, & qui ia par cenſure & iugement de la faculté de Theologie de
Paris ont eſté & ſeront cy apres reprouuez & mis au Catalogue faict
& à faire par ladicte faculté, deſdictz
liures reprouuez. Et ſeront tenuz
ceulx qui en pourroyent auoir deſ-
maintenant & pour l'aduenir, ſoyét
libraires ou autres, dedens vn mois
apres la publication de ce preſent
Edict, les apporter & mettre ou gref-
fe de la court de Parlement, ou des
iuriſdictions preſidiales, ou demou-
c.iij.

reront ceulx qui en auront & pourront auoir : excepté toutesfois les
perſones, qui par raiſon & ſelon les
conſtitutions canoniques peuuent
& doiuent auoir liures ſuſpectz d'he
reſie, pour les voir & les debatre &
impugner en leurs predications &
concions , & autres lieux ou il eſt
beſoing de ce faire.

Art. 8. E T oultre il eſt auſſi defendu à
tous imprimeurs de faire l'exercice
& eſtat d'impreſſion, ſinon en bónes
villes & maiſons ordonnees & accouſtumees pour ce faire, & non en
lieux ſecretz . Et q̃ ce ſoit ſoubz vn
maiſtre imprimeur, duquel le nom,
le domicille & la marque ſoyét mis
aux liures ainſi par eulx imprimez,
le temps de ladicte impreſſion, & le
nom de l'autheur: lequel maiſtre im
primeur reſpondra des faultes & er

reurs, qui tant par luy, que ſoubz ſon
nom, & par ſon ordonnance auront
eſté faictes & commiſes.

E T ne pourront leſdictz impri- Art. 9.
meurs imprimer aucuns liures, ſinõ
en leurs noms & en leurs officines
& ouuroirs, comme dict eſt, ſans ce
qu'ilz ſuppoſent le nom d'autruy,
ſur peine de confiſcation de corps
& de biens, & d'eſtre declarez faul-
ſaires. Et eſt enioinct à tous noſdictz
ſubiectz quelz qu'ilz ſoyent indiffe-
remmét, que quãd ilz aurõt cognoiſ
ſance que leſdictz liures auront eſté
imprimez faulſemét & ſoubz le nom
d'autruy, de ne les tenir & garder:
mais incõtinent les apporter en iuſtice, ainſi que deſſus eſt dict, cõme
liures ſuſpectz, ſoubz peine d'eſtre
puniz, cõme les iuges verront eſtre à
faire ſelon le merite & exigence de

la faulte qu'ilz pourront en cest endroict auoir commise.

Art. 10.　SEMBLABLEMENT est defendu ausdictz imprimeurs, d'impri
mer, ne vendre aucuns liures nou-
uellement translatez du vieil & nou
ueau testamét, ou aucune partie d'i-
ceulx, & aussi des anciens docteurs
de l'Eglise, sans ce que premieremét
ilz n'ayent esté veuz par ladicte faculté de Theologie à Paris.

Art. 11.　ET ne sera imprimé ne védu aucuns liures, comments, scholies, an-
notations, tables, indices, epitomes,
& sommaires concernans la saincte
escripture & religion Chrestienne,
faictz & composez depuis quarante
ans en ça en Latin, Grec, Hebrieu,
& autres lágues, mesmes Françoise:
que premierement ilz n'ayent esté

veuz & visitez : c'est à sçauoir ceulx
qui seront imprimez es villes de Paris, Lyon & autres villes circõuoi-
sines dudict Paris, ou il n'y a faculté
de Theologie, par la faculté de Theo
logie dudict Paris : & es villes ou il
y a faculté de Theologie, par les docteurs & deputez d'icelle.

EN defendant tresexpressément, Art. 12.
à toutes noz courts de Parlement,
maistres des requestes, & autres gar-
dans les seaulx des chancelleries, iuges presidiaulx, & autres noz officiers & magistratz, quelz qu'ilz soyét
de donner par cy apres aucune permission d'imprimer liures, que premierement ceulx qui demanderont
ladicte permission, n'ayent certifica-
tion desdictes facultez de Theologie, que lesdictz liures ont esté veuz
& approuuez desdictes facultez: au
d. j.

rapport defquelz, icelles facultez cer
tifierõt que lefdictz liures font bons,
legitimes & fans vice, & cõme telz
les approuueront: laquelle certifica-
tion fera enregiftree au commencement defdictz liures, auec ladicte
permiffion.

Art. 13.   E T retiendront lefdictz deputez
par deuers eulx la copie des liures,
ainfi par eulx approuuee, fignee de
la main du libraire requerant : &
auquel fera baillee ladicte permiffion d'imprimer, afin que ledict imprimeur ne puiffe varier, ne chan-
ger aucune chofe en procedant à
l'impreffion d'iceulx. Et furce fe feront les vifitations le pluftoft que
faire fe pourra fans remiffion ou de-
lay. Et fans ce que pour raifon d'i-
celle en foit prins aucun falaire par
les deputez vifiteurs.

E T pource qu'aucunesfois en Art. 14.
procedant à la vente d'aucuns biens
inuentoriez, apres le trespas de quelques perſonages, ou par execution
des biens d'aucuns debteurs, ou autrement, ſe trouuent aucuns liures
ſuſpectz, Nous defendõs treſexpreſſément de proceder à la vente des liures qui cõcernerõt la ſaincte eſcripture: que premierement ilz n'ayent
eſté viſitez par leſdictz deputez, com
me dict eſt: ſans ce que toutesfois là
au il ſe trouueroit aucuns deſdictz
liures ſuſpectz, le defunct ou ſa me-
moire puiſſét pour raiſon de ce eſtre
accuſez ne condemnez.

ITEM il eſt auſſi defendu à tous Art. 15.
libraires, imprimeurs & vĕdeurs de
liures, qu'ilz n'ayent à ouurir aucunes balles de liures, qui leur ſont ap-
portees de dehors, ſinõ en preſence

de deux bons perſonages, qui ſerõt
commis par les facultez de Theologie, es villes ou y aura faculté. Et ou
il n'y en aura, en la preſence de l'offi
cial & iuge preſidial, ſ'il y a ſieges
d'officialité & preſidial. Et aux autres villes, auſquelles ne ſeront leſdictz ſieges, en la preſence du iuge,
& de noſtre procureur audict ſiege.
A laquelle aſſiſtence, ouuerture &
viſitation deſdictes balles de liures
les deſſuſdictz, & chaſcun d'eulx reſpectiuement ſeront tenuz, ſans aucun ſalaire, vacquer incontinent
qu'ilz y ſeront appellez, & le plus-
toſt que faire ſe pourra. Et ſera por-
tée la deſcription deſdictz liures aux
greffes deſdictz lieux.

Art. 16. ITEM voulons, ordonnons, &
nous plaiſt, que deux fois en l'an
pour le moins, eſdictes villes ou il

y a vniuerſité & faculté de Theologie, ſoyent viſitees par leſdictz deputez, & deſdictes facultez les officines & boutiques des imprimeurs,
libraires, & védeurs de liures. Et ou
il n'ya vniuerſité, & faculté de Theologie, par ceulx, & ainſi qu'il eſt declaré au precedent article. Auſquelz
deputez leſdictz imprimeurs & libraires ſeront tenuz & contrainctz,
par toutes voyes en tel cas requiſes,
faire ouuerture de leurſdictes boutiques & officines, pour ſaiſir & mettre en noſtre main tous les liures
qu'ilz trouuerót cenſurez & ſuſpectz
de vice, & ce ſans aucun ſalaire.

E T pour autát qu'en noſtre ville   Art. 17.
de Lyó y a pluſieurs imprimeurs,&
qu'ordinairemét il ſy apporte grád
nóbre de liures des pays eſtranges:
meſmes de ceulx qui ſont grádemét
d. iij.

suspectz d'heresie, Nous auons ordonné & ordonnons, que trois fois
l'an sera faicte visitation des officines & boutiques des imprimeurs,
marchás, & vēdans liures en ladicte
ville, par deux bōs personages, gens
d'Eglise : l'vn deputé par l'archeues-
que de Lyon, ou ses vicaires: l'autre,
par le chapitre de l'Eglise dudict
lieu, & auec eulx le lieutenát du Se-
neschal dudict Lyon: qui pourront
saisir & mettre en nostre main tous
liures censurez & suspectz, comme
dict est. Et si en procedant esdictes
visitations ilz trouuent faultes notables, ilz nous en aduertiront, pour
faire proceder contre ceulx qui les
ferõt, & y dōner telle prouision que
nous veoirons estre à faire.

Art. 18. ITEM nous auons defendu &
defendons à toutes persones quelz-

cõques, de pourtraire, ou faire pain-
dre & pourtraire, publier, n'expoſer
en véte, acheter, auoir, tenir, & garder aucunes images, pourtraictures,
ou figures , contre l'honneur & reuerence des ſainctz & ſainctes ca-
noniſez par l'Egliſe, & de l'ordre &
dignité Eccleſiaſtique: n'auſſi de rõ-
pre, caſſer, & effacer malitieuſement
les images & pourtraictures qui ſõt
& ſeront faictes à leur honneur &
remembrance.

E T eſt ordonné par ceſdictes pre- Art. 19.
ſentes, que tous les deſſuſdictz deputez procederont à la premiere viſitation dedens vn mois apres la publication de ce preſent Edict. Et cõ-
tinueront au temps & ſelon, & ainſi
que deſſus eſt dict & declaré.

I T E M que tous imprimeurs li- Art. 20.

braires, marchans, & vēdeurs de liures, en quelques villes & lieux ou
ilz foyent demourans, feront tenuz
& cōtrainctz d'auoir vn Catalogue,
& le tenir en leurs boutiques, affiché
en lieu euident, de tous les liures reprouuez par la faculté de Theologie, & vn autre Catalogue de tous
ceulx qu'ilz aurōt en leurfdictes bou
tiques, lefquelz ilz feront tenuz cō-
muniquer aufdictz vifiteurs, toutef-
fois & quantes qu'ilz en feront requis. Et ou il fe trouueroit en leurfdictes boutiques autres liures qui feront contenuz audict fecond Catalogue, ilz feront puniz de telles
peines, que lefdictz iuges verront
eftre à faire, à l'exemple de tous autres leurs femblables.

Art. 21.   ET pource qu'il eft fouuent adue-
nu plufieurs faultes des portepen-

niers, qui foubz couleur de vendre
quelques marchandifes portent fe-
crettement des liures venans de Geneue, & autres lieux mal famez, Il
ne fera permis dorefenauát aufdictz
portepenniers porter ne vendre liures, grandz ou petiz : mais fi aucuns en portent, & expofent en
vente, feront faifiz, & mis en noftre
main, comme à nous acquis & con-
fifquez, auec toute autre marchádife
qu'ilz porterõt. Et neantmoins ferõt
puniz, pour la cõtreuention à ce prefent article, felõ leur qualité, & ainfi
que les iuges verront eftre à faire.

E T toutesfois il eft permis à tous   Art. 22.
libraires d'apporter liures à la fuytte
de nous & de noftre court, & ouurir
leurs boutiques es lieux ou nous fe-
rons feiour, à la charge qu'ilz feront
tenuz d'auoir les deffufdictz deux

e. j.

Catalogues, es lieux les plus appa-
rens de leurſdictes boutiques. C'eſt
à ſçauoir vn des liures reprouuez,
& vn autre de ceulx qu'ilz auront
en leurſdictes boutiques, ſubiectz à
la viſitation de noz grand aumoſ-
nier & confeſſeur, & autres perſonages, qu'il nous plaira à ce deputer.
Enioignant en oultre aux preuoſtz
de noſtre hoſtel, que ſi aucuns deſdictz libraires eſtoyent trouuez ven
dãs liures, ſans eſtre garniz deſdictz
Catalogues, ainſi q̃ deſſus: ilz ayét à
faiſir & mettre en noſtre main leurſ-
dictz liures, & iceulx declarer à no'
acquis & confiſquez.

Art. 23.   E T pour ce que nous auons en-
tédu, qu'il y a pluſieurs de noz principaulx officiers, ayans la charge &
exercice de noſtre iuſtice, ſuſpectz
des nouuelles doctrines, & ne faiſãs

leur deuoir à la punitiõ & correctiõ
de ceulx qui en sont chargez, A
ceste cause nous enioignons à noz
procureurs,& aduocatz generaulx,
en noz courts de Parlements, qu'ilz
ayent à eulx informer de la qualité,
vie & cõuersation de tous nosdictz
officiers ayant l'administration &
exercice de nostre iustice : mesmes
des lieutenans generaulx & particuliers, preuostz, aduocatz & procureurs des sieges & iurisdictions des
ressortz de nosdictes courts de Parlements,& du deuoir qu'ilz font, &
ont par cy deuãt faict à la poursuyt-
te,punitiõ & correctiõ des persones
chargees desdictes nouuelles doctri
nes & erreurs Lutheriennes.Et s'ilz
en trouuent aucuns y auoir esté &
estre negligens, il nous en aduertiront incõtinent, afin d'y pouruoir
e. ii.

ainſi qu'il appartiendra , & verrons
eſtre à faire.

Art.24.　　E T doreſenauaut pour l'aduenir
nul ne ſera pourueu , ne receu en
eſtat n'office de iudicature quel qu'il
ſoit:meſmes en noz courts de Parlements, ſieges preſidiaulx & autres,
ne ſemblablement en l'eſtat de noſtre procureur , ou noſtre aduocat,
que premicrement & auát l'expedition de ſes lettres d'office,il n'apporte atteſtation ſuffiſante,de gens notables & dignes de foy, qui certifie-
ront de ſa bóne vie,renómee & có-
uerſation,& ſ'il aura touſiours eu re-
putation de bon Chreſtien & catholique,obſeruant les ſtatuz & conſti-
tutiós de l'Egliſe: laquelle atteſtatió
ſera móſtree & exhibee à noſtre amé
& feal Chancellier.ou garde de noz
ſeaulx,auát que ſeſdictes lettres d'of

fice foyent feellees. Auec lefquelles
icelle atteftation fera attachee foubz
le côtre feel de noftre chancellerie,
dont le greffier de la court de Parlement, ou du fiege & iurifdiction, ou
fera receu celuy qui pourchaffera ledict office de iudicature prédra vne
copie pour en faire regiftre, afin que
f'il fe trouuoit par apres les attefta-
teurs & certificateurs auoir fciémét
& doleufement attefté & certifié, il
en foit faict vne reprimende demô-
ftration & correction exemplaire.
Et en oultre eft enioinct aux villes
& communaultez, de n'eflire, prendre & accepter aucuns perfonages,
pour Maires, Efcheuins, Confulz ou
autres Magiftraftz, qui ne foyent tenuz, eftimez & reputez pour catho-
liques, bons Chreftiens & non fuf-
pectz d'herefie, foubz peine, quant
c. iij.

à ceulx qui auront faict telles ele-
ctions, de s'en prendre à eulx en
leurs propres & priuez noms, & estre
procedé contre eulx cõme fauteurs
d'heretiques.

Art. 25. ITEM nous enioignons & com
mandons tresexpressément aux pre-
sidens & conseilliers, noz aduocatz
& procureurs generaulx, de nosdictes courts de Parlements faire tenir
les mercuriales de trois mois en trois
mois. Et qu'en procedant au faict
d'icelles, ilz ayent premierement à
traicter & mettre en auant les matieres & affaires concernans nostre
saincte foy & religiõ, & aduiser entre eulx à ce qui sera necessaire de
faire la dessus, pour le bien & con-
seruation de nostredicte religion.
Specialement aussi pour purger les
faultes, s'il s'en treuue en quelques

vns de leur compagnie, qui fuſſent
aucunemét ſouſpeçonnez deſdictes
erreurs & nouuelles doctrines,dont
ilz ſinformerõt bien & diligément
auec ceulx de noz cõſeillers qui ſerõt choiſiz & eſleuz par les preſidés
de noſdictes courts, pour aſſiſter &
tenir leſdictes mercuriales: leſquelz
ſe purgerõt par ſerment es mains de
celuy deſdictz preſidés qui preſidera
eſdictes mercuriales, & nous aduertiront de ce qu'ilz en trouuerõt,pour
y pouruoir. Et ne fauldrõt noſdictz
preſidens,procureurs & aduocatz &
chaſcun d'eulx pour le deu de leurs
offices & ſerment qu'ilz ont à nous,
à tenir la main,& faire en ſorte que
le contenu en ce preſent article ſoit
de poinct en poinct diligemment &
eſtroictemét entretenu,gardé & ob-
ſerué. Et au ſurplus nous enuoyent

de six mois en six mois, ou plus toft,
fi befoing eft, lefdictes mercuriales,
& l'ordre qu'ilz auront cõſtituee ſur
icelles, ſelon que le portent noz ordonnances faictes à Fonteinebleau
en l'an mil cinq cents quaráteneuf.

Art. 26.   ET pource que nous ſommes aduertiz que noz officiers, tant de noſdictes courts de Parlements qu'autres iuriſdictions ſont ſouuent im-
portunez de prieres, & requeſtes
pour ceulx qui ſont par eulx dete-
nuz priſonniers, eſtans chargez &
accuſez de crime d'hereſie, Nous defendõs à tous noz ſubiectz, de quelque eſtat, qualité & cõdition qu'ilz
ſoyent, de n'importuner, ne faire in-
ſtance & requeſte indeue, pour leſdictz chargez & ſuſpectz d'hereſie,
priſonniers ou abſentez : mais en
laiſſent faire à noſdictz iuges & offi-

ciers leur deuoir, ſans les diuertir,
n'empeſcher d'en faire iuſtice, ſoubz
peine d'eſtre declarez fauteurs d'heretiques, & puniz de la peine indi-
cte par les decretz, & conſtitutions
canoniques. Et à ceſte fin ne fauldront auſſi noſdictz iuges d'aduertir noz procureurs generaulx & particuliers, de ceulx qui leur auront
faict telles requeſtes, importunitez
& inſtances pour les pourſuyure, &
conclure contre eulx à la cõdemna-
tion deſdictes peines.

ITEM noſdictes courts de Par- Art. 27.
lemẽts, iuges royaulx & preſidiaulx,
feront chaſcun endroit ſoy, & ſicõ-
me à luy appartiendra, toute la diligence poſſible d'eulx informer &
faire informer & enquerir, iour par
iour & heure pour heure, ſi en leurs
reſſorts, pouoirs, deſtroictz & iuriſ-

dictions, il y aura aucuns chargez
& suspectz d'heresie : pour s'il s'en
trouue quelques vns, les faire prendre & apprehender, afin d'estre procedé à leur faire & parfaire leurs p̄-
cés, sans aucune interruption, & le
plus diligemmēt que faire se pourra, selon nosdictz Edictz & ordonnances & le contenu en ces presentes. Pour l'instruction desquelz procés, sera faicte diligente recherche
es maisons des chargez, pour voir
s'il s'y trouuera aucuns liures censurez & reprouuez. Et ausurplus sera
donné si bonne ordre & prouision
à la garde desdictz prisōniers, qu'ilz
n'ayent aucune communication à
persones qui puissent empescher la
vraye cognoissance des crimes & de-
lictz, dont ilz seront chargez.

Art. 28.　　　E T en semblable nous enioignõs

à tous sieurs temporelz de nostre
Royaume ayans haulte iustice, que
par leurs officiers, qui ont & auront
la charge de leursdictes iustices, ilz
facent aussi de leur costé bien & son-
gneusement enquerir & informer, si
en leurs terres & seigneuries y a aucuns heretiques suspectz & mal sen-
tans de la foy catholique & cõstitu-
tiõs de l'Eglise, pour si aucũ s'en trou
ue, les prédre & faire apprehender &
mettre entre les mains de noz iuges
royaulx & presidiaulx, pour leur faire & parfaire leurs procés. Et si pour
la capture lesdictz sieurs temporelz
haultz iusticiers ont besoing de l'aide & secours desdictz iuges presidiaulx & des preuostz de noz mares-
chaulx, Nous voulõs, entendons &
nous plaist, q̃ ledict aide & secours
leur soit baillee, si tost & ainsi qu'ilz

f. ij.

Art. 31. E T afin qu'vn chafcun bon & fidele Chreftien, qui fur toutes chofes doit auoir odieufe cefte malheureufe fecte, s'accõmode & difpofe tant plus facilement à deferer, reueler & denoncer ce qu'il fçaura defdictz heretiques, fectateurs & imitateurs defdictes erreurs, & faulfes doctrines, Nous voulons, ordonnons & nous plaift, que tous accufateurs, delateurs & denonciateurs en cas de preuue legitime, conuiction & condemnation cõtre les deferez, denoncez & accufez par eulx, ayét la tierce partie des biens d'iceulx deferez & accufez, à quelque fomme valeur & eftimation qu'elle foit, & fe puiffe monter. Sur ce preallablemét prins, deduictz & defalquez les defpens & fraiz de iuftice. Et là ou auffi au cõtraire il fe trouueroit que lefdictes

denonciatiõs, declarations & accu-
fations fuffent faulfes , iceulx delateurs,denõciateurs & accufateurs fe
rõt puniz de telle peine, qu'euft efté
l'accufé,fi le delict euft efté verifié.

ET d'autant qu'en procedant à la Art. 32.
confection des procés contre iceulx
heretiques & mal fentans de la foy,
il feft trouué & trouue fouuent des
tefmoings , qui difent que du faict
dont ilz depofent & chargent ceulx
contre lefquelz ilz font appellez en
tefmoignage , ilz en auoyent pieça
aduerty les officiers des prelatz dio-
cefains faifans leurs cours de vifita-
tion , ou bien noz iuges & officiers
& autres perfonages cõftituez en dignité,dont toutesfois n'en auroyent
faict aucune demonftration.Nous à
cefte caufe,prions & exhortons lefdictz prelatz & leursvicaires,en mã-

dant & enioignant a nofdictz officiers & autres, qui receuront telz aduertiffemens par les depofitions def
dictz tefmoings, qu'iceulx aduertiffemens prins & redigez par efcript,
lefdictz prelatz pcedent côtre ceulx
dont la cognoiffance & correction
leur appartiendra, & qui aurôt ainfi
diffimulé les reuelations, qui leur
auroyent efté faictes par iceulx tefmoings. Et fi la cognoiffance ne leur
en appartient: mais aux iuges prefi-
diaulx, ilz enuoyerôt aufdictz iuges
ce qu'ilz en auront mis ou faict mettre par efcript, afin qu'iceulx iuges fa
cent leur deuoir de proceder viue-
mét côtre telz diffimulateurs nom-
mez par lefdictz aduertiffemés, pour
feruir d'exéple aux autres. Et neantmoins la ou iceulx aduertiffemens
& denontiatiôs fe trouueroyét auoir

esté faictz à nosdictz iuges & officiers, qui toutesfois auroyent dissi-
mulé ou esté negligens de proceder
contre les accusez & deferez, il sera
contre eulx procedé rigoreusement
côme fauteurs desdictz heretiques,
par suspension ou priuation de leurs
estatz & offices, & autrement ainsi
qu'il appartiendra, selon l'exigence
du cas, & que pour leur negligence
ilz auront merité.

ITEM pource que les assemblees Art. 33.
& côuenticules, qui se font ordinairement par lesdictz heretiques & se-
ctateurs sont de difficile preuue pour
la diligéce qu'ilz mettét à les faire le
plus secrettement qu'il leur est possible, Nous auôs ordôné & ordônons,
voulôs, & nous plaist que celuy qui
reuelera telles assemblees & côuenticules (encores qu'il eust esté pre-

sent, adherant & cõsentant à icelles)
soit & demeure pour ceste fois quit-
te & absoult: luy promettãt par ces
presentes impunité, quãt à la peine
ou il pourroit pour ce estre encouru
euuers no' & iustice, & luy en ferõs
si besoing est, & il le requiert, expe-
dier noz lettres de grace, pardon &
remission, se conformant pour l'aduenir auec deue contrition, à la foy
catholique & obseruation des con-
stitutions de l'eglise, auec les promes
ses & submissions sur ce requises.

Art. 34.　E T d'autant aussi que nous som-
mes aduertiz que plusieurs icunes
enfans, par la faulte & mauuaise instruction de leurs maistres & pedagogues sont tombez en erreur & he
resie pour l'institutiõ qu'ilz ont eue
esdictes nouuelles doctrines, Nous
auons pareillement ordonné & ordonnons que doresenauãt aucun ne

soit receu à tenir escolles & instituer
es premieres lettres lesdictz ieunes
enfans, q̃ premierement il n'ait esté
deuement approuué de ceulx a qui
par droit & coustume appartiendra
la prouision desdictz estatz & maistrises. Leur enioignant qu'ilz ayent
auant que pourueoir d'iceulx estatz
& maistrises, à eulx informer bien
exactement des meurs, qualitez &
cõuersation desdictz maistres & re-
gens, ainsi que par raison ilz sont tenuz & doiuét faire, & ce soubz peine
de s'en prédre à eulx, si faulte en aduient. Exhortãt par cesdictes presentes lesdictz peres & meres, que pour
la pitié, amitié & charité qu'ilz doiuent porter à leurs enfans, ilz se dõ-
nent bien garde de ne prédre aucuns
desdictz pedagogues en leurs maisons pour l'institution de leursdictz

g. ij.

enfans , & apres les enuoyer soubz
leur cõduite es vniuersitez,que premierement ilz ne soyent bien asseu-
rez de leur bõne vie,& qui ne seront
aucunement entachez desdictes erreurs & nouuelles doctrines: afin q̃
par la negligéce & peu de soing que
pourroyent auoir lesdictz peres &
meres en cest endroict , leursdictz
enfans ne se perdent.

Art. 35.   I T E M nous enioignons à toutes persones ayãt droit & charge de
commettre & instituer maistres &
principaulx aux colleges des vniuer
sitez de ce royaume:mesmes en celle de Paris,qu'ilz ayent à y pouruoir
de gens de bõne vie & religieuse cõuersation,nõ suspectz desdictes nou
uelles doctrines: & aux principaulx
ainsi par eulx instituez, de ne commettre,ne bailler charge esdictz col-

leges,)pour l'inſtructiõ & inſtitution
des enfans eſtans en iceulx à aucuns
regés, qui ne ſoyét gens de bié & non
ſuſpectz deſdictes doctrines : ayant
telz regard & vigiláce ſur eulx, qu'ilz
ne puiſſent peruertir le bon & natu-
rel entendement deſdictz enfans. Et
ſ'ilz trouuoyent aucuns deſdictz re-
gens qui couuertemét ou autrement
euſſent quelque imitation, ou intelligéce eſdictes nouuelles doctrines,
ilz ne fauldront incontinent de leur
oſter la charge à eulx baillee, ſans plꝰ
les laiſſer frequéter auec leſdictz enfans & icunes eſcolliers . Et neantmoins ſ'ilz auoyent auſſi faict faulte
notable, ilz en aduertiront l'eueſque
ou ſes vicaires, ou les iuges preſidiaulx, pour chaſcun en ſon regard en
faire la punition.

ITEM ayant entendu que ordi- Art. 36.

nairement il aduient que plusieurs
de tous estatz indifferemment s'in-
gerét sans aucũ sçauoir n'intelligence qu'ilz ayét en la saincte escripture
en prenát leur repas, ou bien allant
par les champs & autrement, quãd
ilz sont retirez les vns auec les autres
en leurs cõuenticules secretes, par-
lent, deuisent & disputét des choses
concernás la foy, le sainct sacremét
de l'autel, & les cõstitutions de l'E-
glise, faisant des questions curieuses
& sans fruict: lesquelles les font tõ-
ber souuét en grãdes erreurs, Nous
pour à ce obuier pour l'aduenir, auõs
defendu & defendons à toutes persones non lettrez, de quelque estat,
qualité, ou cõdition qu'ilz soyét, & à
tous autres estrãgiers, pendát qu'ilz
serõt en nostre Royaume, de ne faire plus doresenauát telles ꝓpositiõs,

queſtiõs & diſputes, ſur les poinctz
de noſtre foy, du ſainct ſacrement &
des conſtitutions & ceremonies de
l'Egliſe, des ſainctz cõciles & autres
choſes ordõnces, par le ſainct ſiege
apoſtolique, ſoubz peine d'eſtre puniz comme infracteurs de noz ordonnances & defenſes.

PAREILLEMENT nous de- Art. 37.
fendõs treſexpreſſément à tous noſdictz ſubiectz quelz qu'ilz ſoyent,
de n'eſcrire, enuoyer argent, n'autre-
mét fauoriſer ceulx qui ſ'en ſont al-
lez de ce Royaume pour reſider à Ge
neue, & autres pays notoiremét ſe-
parez de l'vnion de l'Egliſe & de l'o-
beiſſance du ſaĩct ſiege apoſtolique,
ſoubz peine d'eſtre declarez fau -
teurs des heretiques, & comme telz
deſobeiſſans infracteurs & contre-
uenans aux ordonnances & Edictz,

sent esté faictes, & que l'acheteur
eust intelligence, ou cognoissance
d'iceluy delict, ilz procederont à la
declaration de ladicte confiscation
d'iceulx biens, en condemnant les
acheteurs, & contractans auec eulx
à en vuyder leurs mains : auec telle
autre peine qu'iceulx iuges arbitre-
ront, eu esgard à la qualité des persones, au vil pris qu'ilz auront ache-
té lesdictz biens, & à la proximité
du téps de la retraicte des vendeurs
audict Geneue. Et là ou au côtraire
il se trouueroit que lesdictz acheteurs auroyent acquis & contracté
de bonne foy, il leur sera baillé pleine & entiere mainleuee & deliuráce
d'iceulx biens à eulx venduz & alie-
nez. En enioignant toutesfois aux
fins que dessus à nosdictz ꝓcureurs
esdictz sieges presidiaulx de faire

faire les deſſuſdictes ſaiſies, & pourſuytes, & aduertir noz procureurs
generaulx de la diligence qu'ilz en
auront faicte deux mois apres la pu
blication de ces preſentes.

E T afin que ceulx qui auroyent Art. 40.
eſté & ſeroyét deſuoyez du chemin
de leur ſalut, puiſſent faire cognoi-
ſtre par leurs actiós quelque bon có
mencemét de reduction a l'obſerua-
tion de l'hóneur & crainte de Dieu
& de l'obeiſſance de ſon Egliſe, No'
exhortons tous noz ſubiectz indiffe
remment, de quelque eſtat, qualité,
authorité ou códition qu'lz ſoyent,
& entant que beſoing ſeroit, leur có
mandons treſexpreſſément, que do-
reſenauant ilz ayent à frequenter le
plus qu'ilz pourrót le ſeruice diuin:
& par eſpecial, es iours ſolennelz,
auec deue reuerence, & demon-
h. ij.

ſtration telle qu'vn bon deuot reli-
gieux & fidele Chreſtien doit faire à
genoux, & deuotement adorant le
ſainct ſacrement de l'autel, à l'eleua-
tion & exhibition d'iceluy: meſmes
les gentilzhõmes, ceulx de la iuſtice,
& autres qui ont authorité en la cho
ſe publique, à ce qu'en faiſant leur de
uoir ilz ſoyent exéple au peuple, &
monſtrét à leurs inferieurs à faire le
ſemblable qu'eulx, ſelõ & ainſi qu'vn
chaſcũ eſt tenu de faire enuers Dieu.
Et eſt defendu à toutes perſones indifferemment de quelque qualité &
cõdition qu'ilz ſoyent, de ne ſe pour-
mener es Egliſes durát le ſeruice di-
uin:mais eſt enioinct eulx contenir
deuotemét ſelon & ainſi que deſſus
eſt dict, pour eſtre l'Egliſe la maiſon
de Dieu & d'oraiſon.

Art.41.　ITEM nous exhortõs auſſi treſ-

inſtamment les eueſques & prelatz
dioceſaïs de noſtre Royaume,qu'es
proſnes qui ſe feront es iours de di-
menches en chaſcune des Egliſes pa
rochiales de leurs dioceſes,ilz ayent
à faire faire lecture des articles faictz
par la faculté de Theologie de Paris
le dixieſme iour de mars,l'ã mil cinq
cẽts quaráte deux.Et ce par les curez
deſdictes Egliſes, ou leurs vicaires,
donnãt l'intelligéce d'iceulx à leurs
paroiſſiens, & les admõneſtãt de les
obſeruer & garder inuiolablement.

E T auſſi enioindrõt leſdictz pre- Art.42.
latz dioceſains aux predicateurs tãt
reguliers que ſeculiers,par les cõgez
& permiſſions qu'ilz leur bailleront
de preſcher,qu'en leurs predicatiõs
& cõcions ilz ayent à eulx cõformer
au cõtenu d'iceulx articles faictz par
ladicte faculté, ſans aucunement y

h. iij.

contreuenir ne contredire en quelque maniere que ce soit.

Art. 43.   E.T neantmoins nous ordõnons
par cesdictes presentes,q̃ nul ne sera
receu à prescher, soit regulier ou se-
culier, qui autrefois ait esté reprins
d'heresie, ou en soit aucunemét sus-
peçonné: si ce n'estoit qu'il s'en fust
bien & deuement purgé, pardeuant
iuge cõpetent, & celuy à qui en appartiendra la cognoissance: dont il
exhibera la sentence & declaration,
contenant sa purgation.

Art. 44.   I T E M nous enioignõs & tresex-
presssémét cõmandõs à tous noz sub-
iectz de quelque qualité, grãdeur, au
thorité & cõdition qu'ilz soyét, que
doresenauát ilz nayét à tenir aucuns
seruiteurs, ne souffrir qu'en leurs
maisons hantent & frequétent aucu
nes persones qu'ilz ne sçachét & co-

gnoiſſent eſtre bons & vrays Chre-
ſtiés, obeiſſans à l'Egliſe & obſerua-
teurs des côſtitutions d'icelle, chaſ-
ſant & faiſant retirer d'aupres eulx
& de leurſdictes maiſôs ceulx qu'ilz
cognoiſtrôt ou penſeront eſtre ſuſpectz d'hereſie, ſoubz peine de ſe
prendre à eulx des faultes, erreurs &
ſcandale qui ſ'en pourroyent enſuy-
ure, eu eſgard à la longue demouran
ce & conuerſation que leſdictz ſer-
uiteurs & autres de la qualité deſſuſ-
dicte, auroyét faict en leurs maiſôs,
& a la negligence, qui leur deuera
eſtre imputee, de ne ſ'eſtre bien &
diligemment enquis de leurs meurs
& forme de viure.

E T encores que nous ne facions Art. 45.
nulle doubte que ſuyuât ce que par
cy deuant nous auôs ordinairement
pſuadé aux archeuéſques, euéſques

& prelatz de noſtre Royaume, ilz ne
facét leur deuoir de reſider ſur leurs
benefices & dioceſes pour y viure ca
tholiquemét & de vie exemplaire à
toutes perſones, meſmement à leurs
dioceſains dót ilz ont la charge. Tou
tesfois nous ne voulós laiſſer de les
exhorter de rechef treſinſtáment par
ceſdictes pſentes, de ſatisfaire en ceſt
endroit à leur deuoir quát à leurs re-
ſidences, faiſant leurs viſitations en
perſones, pour en viſitant informer,
tenant leurs cóciles prouinciaulx, &
faiſát reſider les curez & autres bene
ficiez, qui à cauſe de leur benefices
ſót tenuz y reſider, viuás en la ſimpli
cité & modeſtie telle que par les decretz & cóſtitutiós de l'Egliſe ilz doy
uent & ſont tenuz de faire, ſpeciale-
mét en leurshabitz. Et ſi aucús d'eulx
ou autres pſones eccleſiaſtiq̃s ſe trou

uoyét par cy apres habillez doſſolue-
ment côtre leur eſtat & profeſſion,
tellemét que le peuple en fuſt ſcan-
daliſé, Nous voulons & ordonnons
que noz iuges & officiers les puiſſent
faire prédre & côſtituer priſonniers,
pour les rendre incontinent à leurs
prelatz, leſquelz ſerôt tenuz en faire
punition & correction exemplaire.

E T à ce que le côtenu en ceſtuy Art. 46.
noſtre preſent Edict ſoit ſongneuſement & diligemmét executé, & ob-
ſerué, Nous enioignôs treſeſtroicte-
mént a noz procureurs generaulx én
noz courts de Parlements, que pour
le deu de leurs charges & offices &
ſerment qu'ilz ont a nous, ilz ayent
chaſcun endroit ſoy reſpectiuement
a tenir main enuers noſdictes courts
auec toutes les pourſuytes & inſtan
ces qu'ilz verront eſtre requiſes, a ce

i. j.

qu'elles facent leur entier deuoir,en
chofe fi recõmãdee q̃ nous eft cefte
cy,Nous aduertiffant a toutes les oc-
cafions qui f'offrirõt des executions
& diligence qui f'en ferõt.Et au fur-
plus ne faudront auffi nofdictz procureurs generaulx, de foliciter fou-
uét par lettres leurs fubftituz es bail-
liages, fenefchauffees & iurifdictiõs
prefidiales des reffortz de nofdictes
courts de Parlements, de faire auffi
de leur cofté tout ce qu'ilz pourront
enuers lefdictz iuges p̃fidiaulx,pour
l'entretenement & obferuation d'i-
celuy noftre Edict.Et fi lefdictz fub-
ftitutz voyent & cognoiffenr,qu'il y
euft quelque negligence ou mauuais
deuoir de la part d'iceulx iuges ou
des officiers des euefques,ilz en aduertiront nofdictz procureurs generaulx,pour le faire entédre,& remõ-

ſtrer incõtinét a noſdictes courts de
Parlements, afin d'y donner prõpte-
mét l'ordre & prouiſion qu'elles verront eſtre neceſſaires, & cõuenables
ſelon noz vouloir & intention.

SI donnõs en mandement a noz
amez & feaulx, les gés de noz courts
de Parlements a Paris, Thoulouze,
Bordeaulx, Diion, Rouen, Daulphi-
né, Prouence & Bretaigne , A tous
noz baillifz , ſeneſchaulx, preuoſtz,
iuges ou leurs lieutenans generaulx,
& particuliers , & autres noz iuſticiers & officiers qu'il appartiendra,
Prions & exhortõs leſdictz prelatz
dioceſains ou leurs vicaires, que le cõ
tenu en ces preſentes ilz entretien -
nent, gardent & obſeruent , facent
de poinct en poinct reſpectiuement
chaſcun endroit ſoy entretenir, gar-
i. ij.

der & obſeruer, lire, publier & en-
regiſtrer ſans aller ne venir, ne ſouf-
frir eſtre allé , ne venu directement
ou indirectemét au cótraire, en quelque maniere que ce ſoit, Car tel eſt
noſtre plaiſir. Nonobſtant quelcon-
ques ordónances, reſtrictions, man-
demens ou defenſes à ce cótraires.
Et pource que de ces preſentes lon
pourra auoir à faire en pluſieurs &
diuers lieux, nous voulós qu'au Vi-
dim⁹ d'icelles faict ſoubz ſeel Royal
foy ſoit adiouſtee cóme à ce preſent
original. Auquel en teſmoing de ce
nous auons faict mettre noſtre ſeel.
Dóné a Chaſteaubriár, le vingtſept-
ieſme iour de Iuin, l'an de grace mil
cinq cents cinquáte vn, & de noſtre
regne le cinqieſme, ainſi ſigné par le
Roy eſtant en ſon conſeil.

Du Thier.

E iourdhuy ont esté leues iudiciai-
rement les lettres patentes du Roy
en forme d'Edict, donnees à Cha-
steaubriant, le vingtseptiesme iour
de Iuin dernier passé, pour le faict
de la religion Chrestienne & extirpation des he-
resies & faulses doctrines pullulantes en ce Royaume, pays, terres & seigneuries dudict sieur, punition & correction des infectez desdictes here-
sies & fauteurs d'icelles, ainsi qu'il est amplement
contenu & declaré en icelles lettres. Et lesdictes
lettres leues, apres que Seguier pour le procureur general du Roy, a dict, C'est chose notoire,
que les Roys de France ont tousiours esté zela-
teurs & protecteurs du Christianisme & de la foy
& vnion de l'Eglise, dont ilz ont merité le nom
de Roys treschrestiens. Ne fault doubter que ce
zele de religion a esté vne des principales causes,
pour lesquelles il a pleu a Dieu maintenir l'estat
du Royaume en sa grandeur iusques à huy. Les
historiens ont tesmoigné qu'entre les malheurs
& infelicitez des Roys Romains, le regne de Nu
ma Pōpilius se trouua lōg tēps heureux, paisible,
pour ce qu'il estoit tressongneux de la religiō. Et
dient Tite Liue & Plutarche, quòd Numa primus
cōdidit templū fidei, primus fidei solēne instituit.
Et encores que la religion de Numa ne sust rei-
glee selon Dieu, toutesfois luy ayant esté acrois-

i. iii.

sement de ses fortunes, en sa gentilité, ce nous
est à penser que le soing & le zele des Roys de
France (pour la religion Chrestienne) leur a gran
dement valu & aidé, à l'entretenement & ampli-
fication de la monarchie de France. Au côtraire
la negligence de religion, le delaissement & apo-
stasie de la foy, & le schisme & diuisiõ de l'Eglise
sont le commencement & source de tous maulx,
& presaige de desolation & ruine d'vne Repu-
blique. Les exemples sont frequens de neglecta
religione, par Valere & autres. Noz propres hi-
stoires, qui sont les liures de Moyse en rendent
tesmoignage: Les enfans d'Israel se tenans vniz
en la foy de Dieu, & es preceptes de Moyse ont
prosperé & vaincu toutes aduersitez : mais so
soubstrayans de la religion sont tombez en gran-
de ruyne. Ces choses cõsiderant le Roy treschre-
stien & les entendant tresbien, a studieusement
& diligemment cherché & faict rechercher tous
& chascuns les moyens par lesquelz l'erreur des
pseudochrestiens soit exterminé & radicalement
extirpé de son Royaume. A ces fins a cõmãdé les
lettres, que presentement ont esté leues estre ve-
rifiees en la court de ceans. Si dict qu'il ne peult
pretermettre l'action des graces deues au Roy de
sa tresbône, tresroyalle & treschrestienne volun-
té, supplie treshumblemêt à Dieu qu'il luy plaise
maintenir le Roy en ceste charité, deuotion &
ferueur a treslõgues annees. Et soubz ceste pre-
face a cõclud & requis la publication & verifica-

tion des lettres, & estre enioinct aux prelatz &
gens d'Eglise en ce qui leur touche, obeyr au con
tenu des presentes lettres. La court en obtem-
perant au vouloir du Roy, à ordonné & ordõne
que sur le reply desdictes lettres d'Edict sera mis,
Lecta, publicata & regiſtrata, audito & requirẽte
procuratore generali regis. Et a ordonné & or-
donne que les iuges presidiaulx, & ceulx qui aſsiſteront auec eulx au iugement des procés criminelz, apres auoir veu iceulx procés feront venir
deuant eulx les priſonniers & les orront par leur
bouche. Et les iugemens qui feront dõnez & arreſtez par lesdictz iuges presidiaulx, & ceulx qui
aſsiſteront auec eulx ne feront cenſez & reputez
cõcludz & arreſtez, ſinon qu'ilz paſſent de deux
opinions pour le moins, ſuyuant l'ordonnance.
Et enioinct ladicte court auſdictz iuges, qu'apres
que lesdictz procés criminelz aurõt eſté iugez, ilz
facẽt iceulx ſongneuſemẽt garder par leurs greffiers. Auſquelz greffiers icelle court auſsi enioĩct
& otdõne lesdictz procés ſongneuſement garder
par deuers eulx pour les repreſenter, & en reſpõdre quand ilz en ferõt requis & beſoing en ſera.
Au ſurplus admoneſte & exhorte ladicte court
les archeueſques, eueſques & prelatz d'Eglise, du
reſſort d'icelle, & leur enioinct garder & entretenir le contenu en ceſdictes patentes d'Edict, en
ce qui les touche & cõcerne. Faict en Parlement
le troiſieſme iour de Septẽbre, l'an mil cinq cẽts
cinquante vn. Collation eſt faicte. Ainſi ſigné,
Du Tiller.